Camiones de construcción

Julie Murray

Abdo Kids Junior es una subdivisión de Abdo Kids
abdobooks.com

abdobooks.com

Published by Abdo Kids, a division of ABDO, P.O. Box 398166, Minneapolis, Minnesota 55439. Copyright © 2025 by Abdo Consulting Group, Inc. International copyrights reserved in all countries. No part of this book may be reproduced in any form without written permission from the publisher. Abdo Kids Junior™ is a trademark and logo of Abdo Kids.

Printed in the United States of America, North Mankato, Minnesota.

Printed in China

102024

012025

Spanish Translator: Maria Puchol

Photo Credits: Getty Images, Shutterstock, ©Ditch Witch p.22/ CC BY 2.0

Production Contributors: Teddy Borth, Jennie Forsberg, Grace Hansen

Design Contributors: Candice Keimig, Pakou Moua

Library of Congress Control Number: 2024939017

Publisher's Cataloging-in-Publication Data

Names: Murray, Julie, author.

Title: Camiones de construcción/ by Julie Murray.

Other title: Construction trucks. Spanish

Description: Minneapolis, Minnesota: Abdo Kids, 2025. | Series: Camiones en acción | Includes online resources and index

Identifiers: ISBN 9798384904243 (lib.bdg.) | ISBN 9798384904809 (ebook)

Subjects: LCSH: Trucks--Juvenile literature. | Vehicles--Juvenile literature. | Construction equipment--Juvenile literature. | Spanish language materials--Juvenile literature.

Classification: DDC 388.32--dc23

Contenido

Camiones de
construcción 4

Otros camiones
de construcción. 22

Glosario 23

Índice 24

Código Abdo Kids . . .24

Camiones de construcción

¡Existen muchos tipos de camiones de construcción!

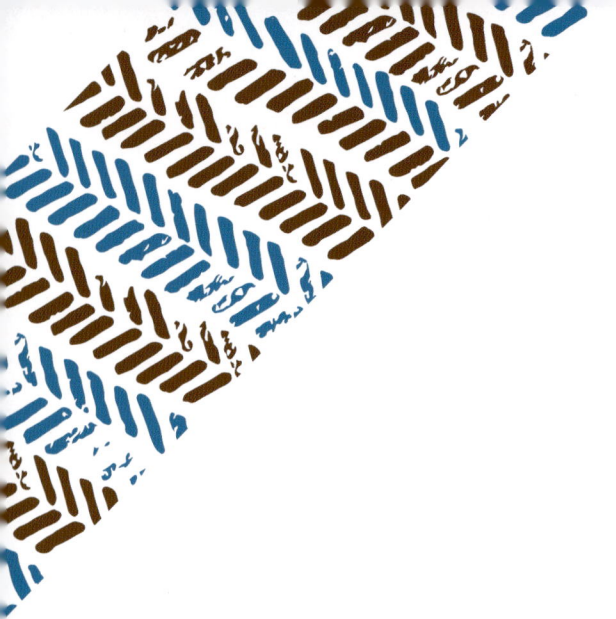

El camión de volteo transporta una carga grande de tierra.

Liz conduce una pala excavadora, con ella cava un agujero.

Un camión pluma lleva una **grúa** para cargar cosas pesadas.

Un buldócer ayuda a mover tierra y rocas.

Una mezcladora de hormigón tiene una cuba que gira. El hormigón sale por el **conducto**.

Gus lleva una pala cargadora. Está echando tierra.

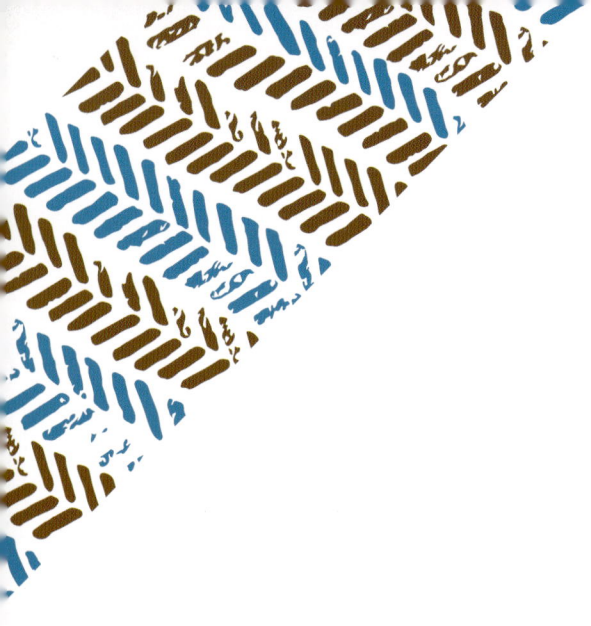

Una niveladora iguala la tierra.

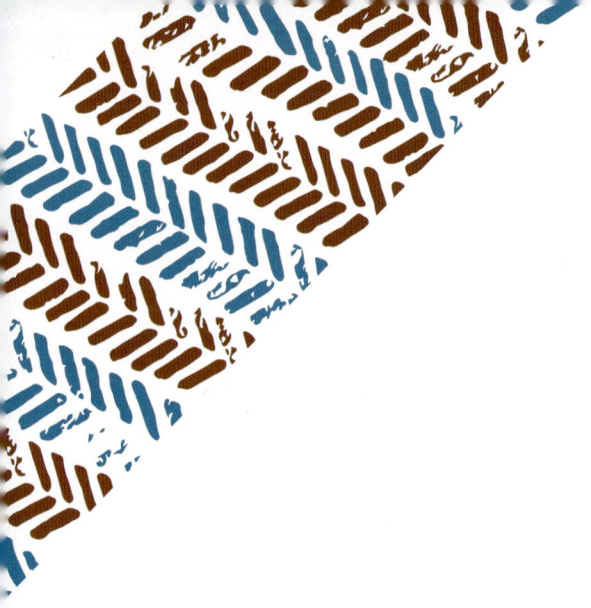

¿Has visto alguna vez estos camiones?

Otros camiones de construcción

compactadora

excavadora

montacargas

zanjadora

Glosario

conducto
tubo por el que pueden deslizarse las cosas.

grúa
máquina con brazo telescópico para elevar y mover objetos pesados hacia arriba y hacia abajo.

Índice

buldócer 12

camión de volteo 6

camión pluma 10

compactadora 18

hormigonera 14

pala cargadora 16

pala excavadora 8

¡Visita nuestra página **abdokids.com** y usa este código para tener acceso a juegos, manualidades, videos y mucho más!

Los recursos de internet están en inglés.

Usa este código Abdo Kids
TCK6127
¡o escanea este código QR!